LES CORSAIRES

Conférence

Pierre SOUDRY
1942

Tout d'abord que signifie le mot corsaire ? Un corsaire nous dit Monsieur Larousse qui est toujours bien renseigné, est « tout navire armé en guerre » ou encore le capitaine qui le commande. Retenons l'étymologie qu'il nous donne : corsaire vient du mot latin « corsa » qui veut dire course.

On donnait donc le nom de corsaire à un bâtiment de commerce armé en guerre et appartenant à un particulier, ou mieux à celui qui commandait le bâtiment. En dépit de cette définition, il faut se garder de confondre les corsaires avec les pirates et de les englober dans la même réprobation.

Les pirates étaient de véritables brigands qui opéraient en temps de paix comme en temps de guerre, qui pillaient leurs compatriotes comme les étrangers et qu'animait seul le désir du butin.

Après la découverte de l'Amérique, de hardis marins, anglais et hollandais pour la plupart, coururent sus aux galions espagnols, en enlevèrent un grand nombre et réalisèrent de gros bénéfices. Du moins eurent-ils presque toujours scrupule d'attaquer les bâtiments qui battaient pavillon de leur pays d'origine.

A ces pirates vinrent bientôt se joindre les « flibustiers », association d'hommes intrépides qui dévastèrent la mer des Antilles pendant tout le XVIIème siècle. Aidés par des français émigrés, les boucaniers, chasseurs de bœufs sauvages, que les espagnols avaient pourchassés, [c'est sans doute ainsi que commencèrent les corsaires], les flibustiers établirent leur quartier général dans l'île de la Tortue, au nord de Saint Domingue et sous la direction de chefs intrépides tels que Laurent de Graff, Michel de Grandmont, Raveneau de Lussan et Henry Morgan, enlevèrent tous les navires de commerce qui passaient à leur portée, osant même parfois s'attaquer aux vaisseaux de guerre et engager avec 2 ou 3 de ces bâtiments des batailles disproportionnées. Quelques-uns d'entre eux tentèrent avec bonheur des descentes sur la terre ferme et brûlèrent les villes des côtes.

A la même époque, d'autres pirates écumaient la Méditerranée et on se souvient des expéditions dirigées contre les pirates barbaresques par Charles Quint et Philippe II au XVIème siècle et par Louis XIV en 1669 et 1683.

Peu à peu, le métier de corsaire devient un métier régulier consacré par l'usage et garanti en quelque sorte par les souverains. Aussitôt que la guerre était déclarée entre 2 puissances maritimes, les plus hardis navigateurs recevaient pour la durée des hostilités des « lettres de Marque » qui leur donnaient officiellement le droit de rechercher, harceler et capturer les vaisseaux de commerce de la nation ennemie et de mettre en vente les marchandises enlevées. Ces « lettres de marque » ou « lettres de représailles » étaient délivrées dans les ports de France par le ministre de la Marine et par les gouverneurs dans les colonies.

Comme la vente du butin, quand il s'agissait de marchandises de valeur, rapportait des sommes considérables, c'était un placement fort recherché qu'une mise de fonds dans ces entreprises. Pendant la première guerre faite à la Hollande par Louis XIV (1672 à 1678), on vit toute la cour s'engouer pour ce genre de spéculations et Louvois ainsi que le Marquis de Seignelay, fils du Grand Colbert, donner l'exemple en contribuant de leurs deniers à l'armement de plusieurs frégates.

Nettement distincte de la «piraterie» qui écumait les mers en tous temps et s'attaquait à tout navire quel que fut son pavillon, sans autre but que le pillage, la « course » ne s'exerçait qu'en temps de guerre contre les bâtiments de nationalité ennemie ou les neutres suspects de les aider. Cette « course » était régie par des principes et des usages qui avaient créé une sorte de législation.

Les hostilités déclarées, on autorisait l'armateur à mettre au service de l'Etat les navires qu'il employait normalement au trafic maritime. Tantôt l'armateur se bornait à aménager ses transports en navires de guerre, tantôt il construisait à ses frais des frégates très légères, rapides, bien armées et tenant admirablement la mer.

Leur gréement se composait de trois mâts : mât de misaine, grand mât et mât d'artimon. Chacun d'eux se divisant en trois parties : le bas mât, le mât de hune et le mât de perroquet, tous tenus par les haubans, à la fois échelles et appuis. Chaque mât portait ses vergues : basses, de hune, et de perroquet, placées en croix, et entre lesquelles se déployaient ou selon le terme se bordaient les voiles de même nom, sous l'effort des écoutes (cordages attachés aux coins inférieurs des voiles).

A l'avant du navire, la proue : telle une baïonnette pointée s'élançait le beaupré que prolongeaient les « bouts dehors » dont les voiles petit foc, grand foc et clinfoc étaient rattachées au mât de misaine.

L'arrière : la poupe était surélevée, c'était la dunette, château de poupe ou encore gaillard d'arrière sur laquelle on trouvait la barre et où logeait le capitaine. Cette partie du navire était généralement ornée de sculptures élégantes.

En regardant l'avant : le pont, ou encore le tillac ; à droite : tribord, à gauche, bâbord ; les flancs du navire étaient presque verticaux. Deux batteries, l'une appelée : barbette : les canons étant placés sur une plateforme en terre pour pouvoir tirer par-dessus le parapet, l'autre couverte sous le pont, batterie proprement dite, aérée par les écoutilles et par les sabords où passait la gueule des canons. Une frégate ne portait pas plus de 60 pièces de canons.

Une ordonnance de Colbert (1681) obligea les armateurs à se munir d'une commission régulière délivrée par l'Amiral de France, contre le versement au greffe de l'Amirauté d'une caution de 15 000 livres pour répondre des dommages que ses représentants pourraient causer en mer.

Cette commission avait pour but lors de la prise d'un navire ennemi, de mettre les scellés sur les chambres, les armoires et les coffres de l'ennemi, sans oublier celui du capitaine et enfin sur les joints des écoutilles pour interdire tout accès dans les dessous.

De retour au port d'attache, le lieutenant de l'Amirauté, accompagné de son greffier, montait à bord et procédait à une enquête minutieuse interrogeant les témoins s'il soupçonnait quelque irrégularité, puis il rompait les scellés et dressait un inventaire détaillé du contenu de tous les coffres et des marchandises de toutes sortes. Il transmettait ensuite son rapport, suivant les procédures d'une administration très formaliste, au Tribunal des Prises, qui comprenait l'Amiral de France ou son représentant, l'Amiral gouverneur de la province maritime et des commissaires nommés par le Roi. Après examen du dossier et délibération, un jugement était rendu qui déclarait « de bonne prise » le navire et son chargement.

Restait à vendre aux enchères les marchandises saisies après un affichage annonçant l'opération 15 jours à l'avance. Le produit était ensuite réparti suivant une réglementation précise. On retirait d'abord le montant des frais de justice, puis 1/10 dû à l'Amiral et 1/5 représentant la part du Roi. Sur le restant, 2/3 revenaient à l'armateur et le 3ème à l'équipage au prorata suivant : 12 parts au capitaine, 8 aux lieutenants, 6 à la commission, 4 au chirurgien du bord, 3 aux maîtres canonniers et charpentiers, 1 ou 2 aux volontaires et aux matelots suivant leur mérite, une demi part enfin aux soldats et aux mousses. En outre, une certaine somme, fixée avec l'assentiment du capitaine, était attribuée aux veuves des morts et aux blessés. Enfin, selon un usage particulier à St Malo, on prélevait un denier par livre au profit de l'Hôtel Dieu de la ville.

Par ailleurs l'Etat encourageait la capture d'un paquebot anglais par une gratification de 200 livres, et la prise de canons sur un navire de guerre à raison de 500 livres par pièce.

A cette époque où des centaines de bâtiments marchands, espagnols, anglais, hollandais et portugais sillonnaient les mers et revenaient du Nouveau Monde chargés d'or, d'argent, de marchandises et de denrées précieuses, on voit qu'un champ très vaste s'ouvrait à l'activité des corsaires et que, s'ils couraient de grands risques, ils pouvaient réaliser des bénéfices considérables.

Mais si ces chefs étaient des gens entreprenants et professionnellement d'excellents marins, tous ne se révélaient pas des foudres de guerre. Soucieux avant tout de gagner de l'argent, les armateurs dans leurs instructions, recommandaient la prudence à ceux à qui ils confiaient leur navires. Le commandant ne devait attaquer qu'un corsaire de force égale ou inférieure. Si l'adversaire était mieux armé, la consigne était de fuir devant lui. Si l'on était rejoint, l'équipage contraignait souvent le capitaine à se rendre sans résistance.

Pour engager un combat inégal et triompher d'un ennemi supérieur, il fallait des hommes exceptionnellement trempés, qui n'étaient pas poussés par l'appât du gain, mais mus par des sentiments élevés : l'esprit d'offensive, l'audace, l'amour de la gloire en soutenant celle des armes du Roi, la noble ambition de bien servir son pays en causant à ses ennemis le plus de mal possible. Tels furent les capitaines dont Jean Bart et René Dugay-Trouin sont demeurés les modèles achevés en ajoutant à leur valeur extraordinaire la rare vertu du désintéressement.

Il importe d'avoir notion de ce qu'était le métier de la mer pour mieux comprendre que la plus belle et la plus difficile des carrières ne pouvait retenir ni les frivoles ni les incapables. Sur sa dunette le capitaine entre en communion avec la nature et avec son bâtiment dont il doit connaître à fond les qualités et les défauts, afin de le diriger comme le cerveau dirige les membres. Toute la science astronomique et nautique doit lui être familière, grâce à laquelle il peut avec sûreté conduire son bâtiment et déterminer son point. Il connaît les ports et les rades, les chenaux, les fonds et les courants, les mœurs des brises en tout parage et en toute saison. Il connaît le temps et l'effet des marées. Il n'ignore rien de la déclinaison de l'aiguille aimantée et des variations de la boussole. Le pilotage est une science, et la manœuvre, un art : l'art qui donne le mouvement au vaisseau en asservissant ce que les vents et les flots ont d'utile et enchaînant ce qu'ils ont de dangereux, en domptant les caprices des éléments et en maîtrisant les hasards. De l'art du manœuvrier dépend le précieux avantage du vent qui vous laisse libre de livrer ou de refuser le combat. Par la manœuvre, on s'élève au vent d'une côte, on double une pointe ou un récif. En cet art, l'étude est peu de chose et l'expérience, presque tout. La manœuvre donne la victoire.

Le bon manœuvrier combine l'effet du gouvernail avec celui des voiles pour faire virer le navire dans le sens opportun. Il proportionne l'étendue et la courbure des voiles à la force du vent, oriente les vergues pour avancer en route directe ou oblique, faisant ainsi à son gré et sans que change la bise, des routes opposées, si bien que le vent est son esclave, même lorsqu'il souffle contre lui. Il sait enfin tout ce qui regarde le tir du canon, du fusil, le lancer des grenades, ajoutant ainsi les talents du soldat à ceux du marin. Enfin, énergique, audacieux, il doit être aussi meneur d'hommes, véritable chef sachant faire respecter son autorité tout en étant paternel avec son équipage et ce n'est pas là le moins dur de sa tâche.

Pour recruter ces équipages, on recourait, soit à d'anciens matelots libérés de la Marine Royale, soit à des volontaires qui ne manquaient pas parmi les populations côtières, soit à des étrangers aventuriers ou déserteurs, tels que des Hollandais, Anglais, Suédois, Danois, Espagnols ou Portugais, compagnons attirés par l'appât du gain et dont plus d'un avaient quelque méfait sur la conscience. Réglementée par des ordonnances royales, la solde pouvait aller jusqu'à six et même quinze écus par jour, s'il s'agissait de bons marins, c'est-à-dire de 30 à 90 francs par jour à notre époque[1]. Défense était faite au capitaine de dépasser ce tarif, sous peine d'une amende de 3000 livres ; cette paie n'était d'ailleurs remise aux intéressés qu'à la fin de la campagne.

Ces hommes s'engageaient pour quatre mois, durée moyenne de la course qui se pratiquait ordinairement pendant la belle saison. Défense leur était faite de quitter le navire pour passer sur un autre sous peine de châtiment exemplaire. Sans être des gens de sac et de corde, comme on l'imagine trop volontiers, ces gaillards à l'humeur farouche, aux mœurs rudes et toujours prêts à en découdre, ne pouvaient être maintenus dans l'obéissance que par une discipline des plus strictes.

---

[1] Compte tenu de l'érosion monétaire due à l'inflation, le pouvoir d'achat de 30 anciens francs en 1942 est donc le même que celui de 8,48 euros en 2015. Et 90 anciens francs correspondent à 25,43 €

Maître à son bord après Dieu, selon la formule traditionnelle, le capitaine avait une autorité sans limite. Chef de cette communauté d'hommes isolés de la société pendant des mois, il avait sur eux des droits souverains jusqu'à la peine de mort, qu'il prononçait sans appel, avec exécution immédiate. Tout membre de l'équipage qui se rebellait ou fomentait une mutinerie était pendu sur l'heure au grand mât. Le même châtiment frappait quiconque exposait la vie de ses compagnons, soit en mettant le navire en danger par quelque sabotage, soit tout autrement, par exemple en jetant à l'eau les vivres pour créer la famine et pousser l'équipage à la révolte.

Les fautes moins graves étaient punies de diverses peines corporelles : le fouet donné publiquement, la mise au cachot avec les fers aux pieds, ou ce qu'on appelait « donner la cale ». Le coupable était attaché par les poignets à l'extrémité d'une corde ou lié sur une planche lestée d'un boulet, puis hissé jusqu'à la hauteur d'une vergue, d'où on le laissait retomber brusquement dans la mer. Suivant la gravité de sa faute, l'opération se renouvelait plusieurs fois sous la risée et les quolibets du reste de l'équipage.

Dans une autre punition, dite « la peine des haubans », le patient, bras étendus et jambes écartées, était lié sur le grillage de cordes formé par les haubans et les enfléchures et laissé ainsi tête nue sous le soleil et la pluie pendant des heures.

Une fois sorti du port, le capitaine allait croiser, soit devant les côtes ennemies, soit sur les routes fréquentées par les convois, tantôt se fiant à son flair ou à sa chance, tantôt guidé par de vagues informations recueillies avant le départ. Des jours et des nuits s'écoulaient parfois à guetter l'immensité de la mer, dans l'attente d'une proie problématique et la monotonie d'une navigation sans but. Ajoutons que les conditions de logement à bord étaient rendues fort pénibles, tant par le manque absolu de confort et d'hygiène –mots et choses aussi ignorées l'une que l'autre à l'époque– que par l'entassement extraordinaire qui régnait dans les chambres du dessous. L'équipage d'un corsaire, en effet, était toujours renforcé par du personnel en surnombre qu'on réservait pour amariner les prises. En outre quand on avait fait de nombreux prisonniers, il fallait encore se resserrer pour leur faire place.

Une fois en mer, la grande misère commence pour l'équipage : c'est le quart à courir de 4 en 4 heures, sous l'averse et l'embrun, travail normal du matelot. Contre les eaux du ciel et de la mer, on n'a que des haillons pour se couvrir, car bien qu'il présente en embarquant un accoutrement complet dont l'étoffe, la coupe et la couleur sont d'ailleurs laissées à sa fantaisie, le marin terriblement porté à la lampée, ne manque jamais de revendre ses hardes avant l'appareillage, pour arroser le départ en campagne dans les cabarets du port, ou simplement pour laisser à sa famille quelque argent qui l'empêche de mourir de faim. Lorsque sont achevées les 4 heures de quart, on regagne le seul abri : la batterie. Le panneau de descente qui y mène souffle un relent qui, dans les premiers jours fait chavirer les cœurs les mieux accrochés. En aucune circonstance, en effet, les parties basses des navires ne sont cassolettes de doux parfums. Dans la cale, antre obscur et méphitique où des fanaux[2] de sépulcre brûlent d'une flamme que pâlit l'atmosphère irrespirable, règnent les miasmes de la sentine, cloaque situé au pied du grand mât, où affluent et croupissent les eaux de lavage et celles qui s'infiltrent par les bordages baillant au roulis.

Le lard ranci, la morue gâtée, les câbles pourris, le vin aigri s'immiscent en un torrent d'exhalaisons fétides que le grand panneau déverse dans la batterie, dont l'air est saturé d'humidité et déjà empuanti par les hardes éternellement mouillées, par les matelots qui jamais ne se lavent, faute d'eau douce et de savon, enfin par les bestiaux et volailles, car les bœufs et les moutons sont parqués au beau milieu des hommes, non loin des cuisines, tandis que les cages à poules sont amarrées contre la muraille, entre les canons.

Le mauvais temps, la tempête aggravent la misère. L'assaut des lances oblige de tenir les sabords fermés, et les malades couchés dans les batteries constamment exposées au souffle glacé du vent et aux paquets de mer qui entrent par les écoutilles, souffrent cruellement du froid. Les hommes valides, obligés de fournir un double travail, sont exténués. La manœuvre d'un navire à voile exige de grands et constants efforts, surtout par mauvais temps : à chaque instant il faut modifier le gréement, hisser de la toile ou en rabattre, l'étendre ou la réduire. Les vergues se rompent, les voiles se déchirent, les cordages pendent le long des mâts, les chaînes de haubans se rompent les unes après les autres, les bordages crevés sont réparés par des moyens de fortune. Le navire semble s'engloutir dans les flots, tant la mer est

---

[2] (fanal) Sorte de grosse lanterne

haute. Il pique du nez dans les lames énormes, l'eau déferle en cataracte sur le tillac ou va se briser sur le château d'arrière, ravageant tout au passage ; la secousse des mâts et de toutes les parties du bâtiment est effrayante. Il faut pomper incessamment, l'équipage est exténué, marches et contre marches, manœuvres pénibles l'ont surexcité. Le grondement de l'ouragan, les craquements sinistres du bateau, l'atmosphère lourde accroissent encore ce degré de nervosité et la bonne exécution des ordres s'en ressent.

Mais sur la dunette, le chef endurant les mêmes maux que ses hommes ne faiblit pas. Vers lui se tournent les regards de ses pauvres marins et leur confiance en lui est leur seul réconfort. On sait qu'avec un tel maitre on ne sera pas drossé contre un récif ou retourné par les vagues en furie. Et cependant ! En comparaison de la force inlassable, infinie de la mer et du vent, que de petitesse et d'infirmité dans cette machine de bois assemblés, manœuvrée par des hommes.

Devant le danger tous se serrent les coudes, se groupent autour du chef. De tels moments resserrent l'union entre les hommes et le navire, le capitaine et ses hommes. Ils n'ont pour ainsi dire qu'une âme qui souffre et peine, de là cet attachement fraternel qui crée des liens si solides entre gens qui partagent sur mer la même existence aventureuse, les mêmes peines, les mêmes fatigues, les mêmes espoirs.

Plus démoralisant que les plus dures tempêtes, c'est ensuite le pot au noir avec ses calmes plats, ses averses chaudes qui dégringolent de l'entassement des cumulus gris de plomb, avec, pendant les éclaircies, la réverbération du soleil impitoyable sur le miroir aveuglant de la mer d'huile. Les frégates tanguent et roulent. Les voiles flasques giflent les mâts à chaque balancement et s'usent à l'endroit du choc. Les journées se traînent lugubres et torrides. L'eau douce finit par se faire rare. Certaines barriques dont on n'a pu jusqu'ici absorber le contenu noirâtre et puant, sont mises en perce. Affolés par une soif qu'aiguisaient les salaisons, les hommes boivent le liquide immonde où flottent des larves et des œufs de parasites... Qu'importe ! C'est de l'eau de Brest et la tradition la proclame excellente. Tout en sentant confusément qu'elle les empoisonne, les marins n'en veulent pas d'autre et méprisent l'eau de pluie recueillie sur des prélarts[3]. En même temps la chaleur tenace hâte la fermentation des vivres. Chaque fois qu'on défonce un quart de farine, le bâtiment est empesté et les boulangers ne peuvent pétrir qu'un pain exécrable, zébré de teintes suspectes, pesant et nauséabond. Le biscuit de mer, plein de vers énormes que l'on a soin d'expulser par violente percussion et dont la présence n'étonne point –car qui ne vit jamais en campagne du biscuit inhabité ?– est en outre moisi et endeuillé de toiles pareilles à celles des araignées.

Les légumes pourris ont été jetés par-dessus bord, les pruneaux, le riz et le sucre se font rares. Les salaisons sont à la limite de ce qu'on peut supporter.

L'épidémie éclate, ce sont les fièvres putrides, malignes et vermineuses, le scorbut, la typhoïde, le typhus et les pleurésies dues à l'éternelle humidité des vêtements et des hamacs. Faisant le quart par bordées, les hommes n'ont qu'un hamac pour deux. Dès lors la contagion est certaine, et la mort fauche. Chaque jour amène de nouveaux malades.

Crevant de froid, d'humidité, de faim, de soif et de vermine, les matelots sont gais ou résignés. Unis étroitement par leur misère commune, indifférents à la fatigue et à leur propre souffrance, ils sont d'admirables martyrs. Toujours prêts à la bataille, on les voit, moribonds, sauter hors de leurs cadres pour rallier leurs postes de combat quand l'ennemi est en vue.

---

[3] Grosse toile imperméabilisée servant à protéger des intempéries

Et les combats ne font pas défaut. On peut même s'étonner de l'importance que prit sous le règne de Louis XIV la guerre de course. Un peu d'histoire nous éclairera. Après la guerre de Hollande, le traité de Nimègue en 1678 avait fait de Louis XIV à quarante ans l'arbitre et le maître incontesté de l'Europe. Il se lança alors dans une politique d'hégémonie qui prit un caractère de provocation de plus en plus agressive. Réunion au territoire français, proclamés par arrêts des villes d'Alsace appartenant à l'Empereur Léopold Ier, aux princes allemands et au Roi de Suède, annexion de Strasbourg par la corruption, la menace et l'intrigue, blocus du port de Cadix, prise de la place forte de Luxembourg, bombardements de Gênes et humiliation infligée au Doge coupable d'avoir construit quatre galères pour l'Espagne, démêlés avec le Pape Innocent XI, menacé dans Rome et dépouillé de son fief d'Avignon ; toutes ces conquêtes en pleine paix avaient inquiété l'Europe entière. La Révocation de l'Edit de Nantes en 1685 qui proscrivait le culte protestant avec les persécutions qui s'en suivirent, achevèrent d'exaspérer les puissances protestantes.

Guillaume d'Orange, Stathouder de Hollande, farouche calviniste, adversaire implacable de Louis XIV n'eut donc pas de peine à grouper tous les mécontents dans la ligue d'Augsbourg en 1686, qui comprenait les Provinces Unies, l'Espagne, l'Empereur d'Allemagne auxquels se joignirent bientôt le Duc de Savoie, le Roi de Suède et de nombreux princes allemands.

A la Révocation de l'Edit de Nantes avait riposté la Révolution d'Angleterre qui chassait du trône le catholique Jacques II, lui donnait pour successeur précisément son gendre Guillaume d'Orange. Proclamé sous le nom de Guillaume III et accueilli en triomphe à Londres. L'usurpateur mettait ainsi les forces de son nouveau royaume au service de la Ligue. L'Angleterre, jusqu'alors notre alliée, entrait ainsi dans la formidable coalition.

Et l'on a pu dire qu'entre la France et l'Angleterre, commençait dès ce moment une nouvelle guerre de cent ans, qui ne prit fin qu'à la chute de Napoléon. Guerre d'affaire faite dans l'intérêt des marchands anglais et hollandais, dont le commerce était atteint par le développement de notre marine marchande, réaction contre la politique protectionniste du grand Colbert et contre le monopole de nos compagnies coloniales.

L'enjeu de cette guerre en somme était notre empire colonial et ce qui en garantissait la possession : la maîtrise de la mer.

Ce fut sur terre que Louis XIV devançant comme à son habitude ses adversaires, porta les premiers coups, et l'on vit dans ces rencontres, des français catholiques lutter contre des français huguenots rangé sous un drapeau ennemi.

Sur mer, nous avions à lutter contre des forces doubles des nôtres et malgré notre organisation supérieure et la valeur de notre Marine Royale, nous étions débordés et le blocus se faisait durement sentir. Jean Bart alors, après avoir détruit et capturé toute une flottille de baleiniers hollandais proposa au Marquis de Seignelay, alors ministre de la Marine, de ruiner le commerce des adversaires dont les navires marchands n'étaient, assurait-il, que faiblement escortés. Le ministre se rallia aussitôt à ce projet et lança l'ordre à tous les ports du royaume de déclencher la guerre de course, ce qui rendit au pays d'immenses services, car non contents d'entraver considérablement le commerce de l'ennemi, les corsaires constituèrent des auxiliaires très précieux pour notre Marine Royale. Témoin cet épisode qui nous montrera en même temps comment un corsaire livrait combat.

Nous sommes en pleine guerre contre la Ligue d'Augsbourg. Par suite du blocus, la famine se fait sentir, le prix du blé monte sur les marchés de cinq à trente livres le boisseau. Le Roi achète des graines en Russie, mais les frontières étant fermées par l'ennemi, ce précieux froment ne peut venir que par mer. Un convoi de cent vingt navires attend dans les ports neutres des pays scandinaves. Anglais et Hollandais guettent cette riche proie. Leur flotte de ligne est à l'affut dans la mer du Nord. Ce blé serait le bienvenu à Londres et à Amsterdam où l'abondance est loin de régner et même si on ne réussissait qu'à couler le convoi, quelle perte pour la France, quel triomphe pour les alliés ! La France affamée devrait, en dépit de ses victoires terrestres, implorer la paix à genoux. Un seul homme est capable de sauver la situation : Jean Bart ! Le ministre de la Marine lui donne l'ordre avec six frégates d'aller au-devant du convoi et de le ramener à Dunkerque. Quant aux moyens à employer, on lui laisse le choix.

Jean Bart force magistralement le blocus anglais dans la rade de Dunkerque en trompant la surveillance des escadres ennemies et cingle toute voile dehors vers la mer du Nord. On navigue vent sans vergues, brise portante, presque sans toucher au gréement, en serrant le vent au plus près par tribord, la mer est assez houleuse, on tangue durement, la mâture fouette, les membrures geignent en une plainte qui est celle du navire que tourmente l'océan.

Nous sommes le 29 juin 1694. L'aube pointe doucement, la brume se dissipe, mangée par les premiers rayons du soleil. Des trainées mauves flottent encore çà et là, que le vent déchire et disperse en flocons. Quelle n'est pas la surprise de Jean Bart de reconnaître au loin le convoi de blé sous escorte de huit grands vaisseaux de ligne hollandais. Les capitaines marchands pressés par les ordres de Versailles et impatients eux aussi de gagner la France, s'étaient hasardés sur mer et sitôt sortis ont été capturés.

Jean Bart dresse aussitôt son plan de combat. Il est sur le château de poupe, revêtu de sa tenue d'apparat comme pour un jour de fête. C'est un solide gaillard de taille moyenne à la carrure puissante et d'une vigueur peu commune. Ses cheveux blonds encadrent un visage au teint clair, à la lèvre inférieure légèrement débordante, aux yeux bleus intelligents et vifs.

Sur son justaucorps bleu se détache le ruban rouge des Chevaliers de Saint Louis, la grande décoration militaire d'alors, digne récompense d'un homme dont le nom seul effrayait l'ennemi.

A bord, branlebas de combats. Les ordres se succèdent : « Parés à border les basses voiles ! à hisser les perroquets ! » ; galopade de pieds nus sur le pont. « Parés ! Attention bordez ! Hissez les Perroquets » siffle le maître d'équipage. Chargé de toutes voiles, le vaisseau s'élance, sous son étrave, la mer écume ; on fait carrément les 8 nœuds. « Aux bas tribord derrière ! » Jamais la voix du chef n'a retenti plus belle, plus vibrante, plus inspirée par la certitude de vaincre.

« La barre au vent, toute ! En ralingue, brassez ! Carguez l'artimon ! » A toute allure on court à la route du vaisseau amiral hollandais. « Attention pour les pièces de tribord ! On pointera en plein bois ». Dans la batterie, on entend : « Tribord attention » ; les canonniers chargent « Feu ! » La bordée s'envole. « La barre dessous, carguez à courir les basses voiles et les perroquets ».

La vraie valeur partout s'impose et jamais, que l'on sache, on n'a discuté les ordres de Jean Bart. Son assurance, son regard net et droit, sa forte taille, sa voix haute, vibrante et couvrant le hurlement des brises dominent l'équipage tout entier. Tous les yeux se retournent vers celui qui est comme le ressort de tous ces hommes et quand retentit sa voix, les gabiers[4] se sentent pousser des ailes, les plus exposés négligent la chute toujours menaçante et tous travaillent des deux mains pour le Roi. Jean Bart commande sa frégate comme le cerveau commande aux muscles. Et la frégate se plie à son bon vouloir comme la bête de sang au moindre réflexe du cavalier qui l'a dressée. C'est affaire de coup d'œil et de sens marin d'abord, mais il y faut aussi le concours des cœurs, des âmes et des volontés, que seul obtient le capitaine digne de ce nom. Conquête malaisée parfois. Loin de se laisser confondre avec ses sous ordres, l'homme au surhumain pouvoir doit se tenir au-dessus de tous, oublier ses sentiments et ses amitiés, éviter les écueils où sombrerait sa dignité, rester aussi loin de la sévérité incessante, mère des haines, que de la camaraderie par quoi l'autorité s'effrite. Tel est Jean Bart.

Déjà les deux navires se sont rapprochés et vomissent leurs boulets : ceux-ci pleuvent sur le pont, brisant les vergues, trouant les voiles, arrachant les haubans, faisant voler en éclat les bordages, crevant les coques, tuant des hommes. Des mousses répandent sur le pont la sciure de bois qui absorbera le sang des blessures. Une épaisse fumée couvre les eaux, enveloppe les bâtiments, envahit leurs batteries, aveuglant et asphyxiant à demi les matelots. Les gabiers dans les mâts font feu de leurs mousquets. L'air est saturé de fumée. Avec un grand craquement de leurs membrures, les bâtiments se

---

[4] Le gabier est un matelot spécialisé dans les voiles

heurtent. Du haut des vergues, les grappins[5] tombent dans les haubans de l'ennemi.

« **A l'abordage !** » hurle Jean Bart dominant de sa voix le bruit du canon et de la mousqueterie. Le premier il saute sur le pont du navire ennemi. A sa ceinture, deux gros pistolets, dans sa main gauche, son sabre recourbé, entre ses dents serrées, une mèche allumée pour mettre le feu aux grenades que porte un matelot derrière lui. Il s'avance résolument, balayant tout devant lui. Les soldats et marins du corsaire sautent sur le pont, les uns enjambant le bastingage, les autres tombant du ciel en se laissant glisser le long des cordages, l'équipage ennemi voit fondre sur lui une bande de démons poussant des clameurs sauvages. Chacun suivant la maxime de Jean Bart, choisit son homme. Une terrible et sanglante mêlée s'engage, suite de duels acharnés et de farouches corps à corps. On se fusille à bout portant.

« **10 pistoles, à qui m'apporte le pavillon** » crie Jean Bart ; un jeune Provençal s'élance, grimpe dans les mâts malgré les balles, arrache le pavillon, s'en fait une ceinture. Le combat sur le pont continue, acharné. L'arsenal des armes blanches entre en jeu, brandies dans un maniement frénétique : le grand sabre à large lame courbée comme une faux, la redoutable hache à manche court, munie à la fois d'un tranchant propre à fendre les crânes et d'un pic à décerveler, l'esponton[6] au fer aigu et recourbé, le corsesque[7] dont la triple pointe faisait d'affreuses blessures en déchirant les chairs ; enfin la dague et le poignard. Combat sanglant, meurtrier, personne ne pouvant fuir, il faut nécessairement vaincre ou mourir. Les Hollandais très supérieurs en nombre reculent pied à pied. Ils se retranchent dans le château de poupe. Les Français escaladent les belles sculptures dorées, brisent

---

[5] Crochets d'abordage
[6] Demi-pique d'infanterie
[7] Ancienne arme

les portes à la hache. « A l'assaut » rugit Jean Bart, impassible et superbe ; il revient sur ses pas pour obliger tout l'équipage à le suivre et à soutenir les premiers. La chambre de l'amiral est le théâtre de la suprême résistance ennemie. En une demi-heure Jean Bart est le maître du grand navire, l'Amiral grièvement blessé lui remet son épée. Les autres navires hollandais ne cherchent plus qu'à s'échapper de l'étreinte mortelle de leurs adversaires.

La lutte ayant pris fin, le théâtre où elle s'est déroulée présente un affreux spectacle : criblé de toutes parts de boulets et de mitraille, complètement démâté, le pont teint de sang et jonché de débris humains, de fragments de mâture et de gréement recouvrant des têtes, des bras, des jambes et des troncs, toutes les embarcations en pièce, tel apparaît le navire. Des chaloupes laissées à flot dérivent, brûlent et chavirent, des cadavres flottent un moment sur les eaux et disparaissent.

Dans ce terrible drame qui se déroulait en pleine mer, sur un plancher mobile et un espace étroitement resserré, l'adresse et la bravoure des équipages n'entraient pas seules en ligne de compte, tout reposait sur la valeur du chef, sa décision, son coup d'œil, sa science manœuvrière, son sang-froid et son ascendant sur ses hommes. Ajoutons qu'un corsaire avait à se préoccuper de ménager son bâtiment, dont il était responsable devant ses armateurs.

Il devait aussi, tout en donnant lui-même l'exemple constant d'un parfait mépris du danger, se montrer avare du sang de ses hommes, une des vertus militaires qu'apprécie entre toute le soldat français chez un chef.

« J'avais toujours une attention continuelle –écrit René Duguay-Trouin dans ses mémoires-, *à conserver mes équipages et à ne jamais les exposer que dans la nécessité... Je prévoyais tous les accidents qui*

pouvaient survenir dans une action, mettant toujours les choses au pis, et prenant des mesures d'avance, autant qu'il était possible, afin d'y apporter remède. » C'est presque dans les mêmes termes que le Maréchal Pétain, alors Colonel, dans ses hautes leçons d'art militaire, formulera un principe analogue ; « *à la guerre, il faut prêter à l'ennemi toutes les intelligences, prévoir le pire et prendre toutes les dispositions pour y parer* ». Et n'allez pas croire que ces marins qui bravaient le danger et allaient avec une telle impétuosité au combat.... Et quel combat ! étaient exempts de toute appréhension, de tout trac, de toute peur.

René Dugay-Trouin lui-même avouait que souvent devant l'approche imminente d'une bataille, la peur le prenait, mais disait-il, « *conscient de mon devoir et de l'exemple qu'il fallait donner à mes hommes, je me maîtrisais et courais sûr au danger, m'exposant le plus possible afin de mieux réduire, de mieux vaincre cette peur qui me paralysait* ».

Quand l'ennemi s'était rendu, il fallait avant tout remettre l'ordre dans cet affreux désordre et surtout empêcher les vainqueurs de se répandre dans le navire capturé pour s'y livrer au pillage des marchandises. Reprendre en main ces forcenés, ivres de carnage, était la plus rude tâche du chef. Tout le monde devait évacuer y compris les prisonniers que l'on faisait descendre à fond de cale. Après les scellés d'usage, les grappins étaient relevés, un groupe de marins désignés à l'avance, avec ses officiers, montait sur le navire capturé pour lui servir d'équipage et se hâtait de le remettre en état de naviguer. C'était ce qu'on appelait « amariner » la prise. Les corsaires n'avaient plus qu'à regagner leur port d'attache, généralement Saint Malo et Dunkerque où la population délirante leur faisait une entrée triomphale. Les équipages se répandaient ensuite bruyamment dans les cabarets grand ouverts où ils conviaient tous venants à se régaler à leur frais. C'était alors des beuveries sans fin et des ripailles monstres, au cours desquelles ces hommes débridés par une joie énorme, faisaient rouler des écus sur la table ou sortaient de leurs poches des pincées d'or en poudre pour éblouir leurs compatriotes. Une de leurs plaisanteries favorites consistait à jeter des louis dans une poêle à frire et à les lancer tout bouillant par les fenêtres, en s'esclaffant quand les passants se brûlaient les doigts pour ramasser les jaunets tentateurs.

Pendant que se déroulaient ces scènes de haute liesse, le ou les navires capturés étaient amenés à quai et l'équipage de prise consigné avec défense de descendre à terre avant quarante-huit heures. Avaient alors lieu les formalités que nous connaissons sous la surveillance du lieutenant de l'Amirauté.

Comme nous l'avons vu, les profits étaient considérables. Seignelay et Louvois qui firent faire pendant toute la guerre d'Augsbourg la course pour leur compte, durent encaisser une forte somme, à en juger par le nombre assez important de 4 200 navires anglais qui furent capturés par les corsaires français rien que dans la seule année de 1689.

Vauban lui-même, dont on connaît pourtant les scrupules de conscience, écrivait au Roi : « *il faut de toutes manières favoriser la course tant que durera la guerre* ». Il semble bien que le monde entier ait été d'accord avec lui sur ce point jusqu'au XIXème siècle. Les corsaires qui coururent les mers et firent tant de mal au commerce maritime pendant la guerre d'Amérique n'indignèrent personne, et les courageux exploits de Surcouf, pendant les guerres de la Révolution furent universellement admirés.

C'est seulement au Congrès de Paris en 1856 que furent abolis les corsaires. Seuls les Etats Unis, l'Espagne et le Mexique refusèrent de prendre un engagement à ce sujet. Et pourtant la pression de l'opinion fut si forte que ni les Etats Unis, ni l'Espagne n'ont osé en 1898 ressusciter le vieil usage. Il semble bien, pourtant, que l'emploi de navires de course en temps de guerre n'a rien qui dépasse les droits légitimes des belligérants et que ce métier qui ressemble singulièrement à celui des francs-tireurs sur terre n'est pas contraire au droit des gens. On voit d'ailleurs aujourd'hui les navires de guerre couler ou capturer les bateaux de commerce de l'adversaire pour ruiner son commerce et affamer sa population, ce qui constitue avec quelques différences une guerre de course, mais réalisée de façon plus moderne.

On a dit qu'en France, la Marine comptait ses plus grands hommes parmi les corsaires. Il est curieux cependant de noter que de tous ces hommes, exposés plus que quiconque, pas un seul n'est mort au combat. Surcouf mourut dans la peau d'un des plus riches armateurs de France, Dugay-Trouin, usé et presque aveugle s'éteignit dans son hôtel rue de Richelieu à Paris, Claude de Forbin, après avoir quitté le service, se retira dans son château près de Marseille et eut une fin de vie austère ; Jean Bernard de Pointis mourut à Paris et Jean Bart trépassa à Dunkerque à la suite d'une pleurésie contractée en surveillant de nouveaux armements. Jacques Cassard, emprisonné à Ham, à la suite de démêlés avec le Cardinal Fleury au sujet du règlement des comptes de croisière, mourut après quinze ans de captivité.

Parmi les marins de l'époque du Grand Roi, Jean d'Estrées finit Gouverneur de Bretagne, Abraham Duquesne, séparé de ses enfants fut miné par le chagrin, Pierre André de Suffren, bailli de l'Ordre de Malte, après avoir bataillé sur toutes les mers, mourut à Paris tué en duel, et le Grand Tourville mourut Vice-Amiral et Maréchal de France.

Ce qu'il nous faut louer et admirer chez ces chefs corsaires, c'est un rare assemblage du coup d'œil infaillible et du jugement sûr, de la tête froide et du cœur ardent, de l'audace réfléchie et de l'ardeur impétueuse, la minutie dans la préparation jointe à la vigueur et à la rapidité dans l'exécution, le sens de l'offensive poussé à l'extrême, la confiance invincible qui dans les situations les plus critiques ne les a jamais abandonné ; toutes ces qualités mises en œuvre par un patriotisme brûlant, l'amour de la gloire, la passion de servir son pays et cet esprit de sacrifice résumé d'un mot « *Compter la vie pour rien quand l'honneur parle* »[8].

La France n'a pas oublié de tels hommes ; il y a toujours sur les océans, un navire battant pavillon français qui porte le nom de ces héros, afin de rappeler aux jeunes générations l'exemple le plus pur de l'honneur et de la bravoure.

© 2016, Pierre Soudry

Edition : BoD - Books on Demand
12/14 rond-point des Champs Elysées, 75008 Paris
Impression : Books on Demand GmbH, Norderstedt, Allemagne
ISBN : 9782322115051
Dépôt légal : Octobre 2016

---

[8] « le plus sûr moyen de conserver l'honneur et la vie, est de compter la vie pour rien quand l'honneur parle » René Duguay-Trouin